学校では教えてくれない大切なこと ⑲

楽しくお手伝い

マンガ・イラスト　松本麻希

旺文社

はじめに

テストで100点を取ったらうれしいですね。先生も家族もほめてくれます。

でも、世の中のできごとは学校でのテストとは違って、正解が1つではなかったり、何が正解なのかが決められないことが多いのです。

「私はプレゼントには花が良いと思う」「ぼくは本が良いと思う」。どちらが正解ですか。どちらも正解。そして、どちらも不正解という場合もありますね。

山登りで仲間がケガをして動けない。こんなときは「動ける自分が方位磁石にしたがって下りてみる」「自分もこのまま動かずに救助を待つ」。どちらが正解でしょう。状況によって正解は変わります。命に関わることですから慎重に判断しなくてはなりません。

このように、100点にもなり0点にもなりえる問題が日々あふれているの

　が世の中です。そこで自信をもって生きていくには、自分でとことん考え、そのときの自分にとっての正解が何かを判断していく力が必要になります。

　本シリーズでは、自分のことや相手のことを知る大切さと、世の中のさまざまな仕組みがマンガで楽しく描かれています。読み終わったときには「考えるって楽しい！」「わかるってうれしい！」と思えるようになっているでしょう。

　本書のテーマは「楽しくお手伝い」です。皆さんはお手伝いをしていますか？「ちょっとめんどうくさい。」と思っている人もいるかもしれませんね。でも、掃除や洗濯、料理、どれも皆さんが大人になったら、おうちの人に頼らず、自分の力でできるようにならないといけないことばかりです。今のうちからお手伝いをしておくと、将来自分のためにもなるし、おうちの人も喜んでくれます。本書で学んだお手伝いの方法や楽しくなる工夫は、きっと一生あなたの力になりますよ。

旺文社

もくじ

はじめに …… 2

この本に登場する仲間たち …… 6

プロローグ …… 8

1章 お手伝いって、なぜするの?

協力すると、うまくいく! …… 14

家事の力が身につく! …… 18

お手伝いは、思いやり …… 22

自分の役割を果たそう …… 26

昔の家事とお手伝い …… 30

ポールのお手伝いインタビュー❶ …… 32

2章 掃除・片づけのお手伝い

まずは、お片づけ …… 34

楽しく「きれいをキープ」しよう …… 38

掃除のお手伝い❶ いろいろな掃除道具 …… 40

掃除のお手伝い❷ 床をきれいにしよう …… 44

掃除のお手伝い❸ いろいろな場所の掃除 …… 52

ゴミ出しのお手伝い …… 60

アクリル毛糸で掃除道具を作ろう! …… 65

お父さん編 家族の役に立つには? …… 66

こんなお手伝いにもチャレンジ 植物の世話 …… 68

3章 洗濯・衣類の手入れのお手伝い

なぜ洗濯するの? …… 70

洗濯の準備で大切なこと …… 74

こんなお手伝いにもチャレンジ 衣類の手洗い …… 80

洗濯機を回すときのお手伝い …… 82

洗濯物をきれいに干そう …… 86

洗濯物をたたむのも、楽しく! …… 90

こんなお手伝いにもチャレンジ

アイロンがけ …… 94

衣類・靴のお手入れ …… 96

お手伝いに役立つ豆知識❶
せんいの種類 …… 102

こんなお手伝いにもチャレンジ

自転車の手入れ …… 103

短時間でできるお手伝い …… 104

ポールのお手伝いインタビュー❷ …… 106

4章 料理のお手伝い

料理のサポートをしよう …… 108

テーブルの準備 …… 116

ユカの料理教室❶ 料理の道具と調味料 …… 121

食後の片づけ …… 122

お使いを頼まれたら …… 126

みんなでお弁当づくり …… 128

ユカの料理教室❷ 素敵な朝食タイム♪ …… 133

失敗しても大丈夫！ 後始末もきちんとしよう …… 134

お手伝いに役立つ豆知識❷
タマネギで涙が出るのはなぜ？ …… 137

留守番するときは …… 138

ポールのコレクション／お昼寝シャルロット …… 140

ロンの宝物／ボスのなぞ／

エピローグ …… 142

スタッフ

● 編集
次原 舞

● 編集協力
福岡千穂

● 装丁・本文デザイン
木下春圭　菅野祥恵　森崎達也
（株式会社ウエイド）

● 装丁・本文イラスト
松本麻希

● 校正
株式会社ぷれす

※この本では，一般的な家事のやり方を説明しています。家事のやり方は家庭によってちがう場合があるので，おうちの人が教えてくれる方法にしたがってください。

鉄田井家の人たち&ペット

シャルロット
- 美しく威厳のあるネコ。趣味はお昼寝。

ポール
- よくしゃべるインコ。お手伝いについてアドバイスする。

鉄田井テツオ
- 小学4年生。
- 動物・生き物が好き。趣味は昆虫採集。
- お手伝いには興味がない。

ボス
- カメ。ふだんはおっとりしているが、いざとなると…？

ロン
- テツオの相棒の柴犬。ちょっとドジ。

この本に登場

お母さん（鉄田井のぞみ）

- 主婦。たまにパートで働いている。
- 家事が得意でテキパキこなす。
  でも若いころは…？
- 家族にお手伝いをしてほしいと願っている。

お姉ちゃん（鉄田井しょうこ）

- 中学1年生。
- 夢は科学者。
  家事についての知識は豊富。
- 家でゴロゴロするのが大好き。

お父さん（鉄田井たいぞう）

- サラリーマン。
- のんびりマイペースな性格。
- 家事は苦手。大工仕事が得意。

テツオのクラスメート

ユカ
- 食いしん坊。
- 料理のお手伝いが好き。

ヒロシ
- 家は食堂をやっている。
- 見た目はこわそうだが実は優しい。

1章 お手伝いって、なぜするの？

いろいろな家事

掃除

洗濯

料理

買い物

ふとん干し

アイロンがけ

裁縫

など

ペットの世話

靴みがき

これでも全部じゃないよ

こんなにあるの？

1章 お手伝いって, なぜするの？

お手伝いの理由 ① みんなが気持ちよく過ごすため！

家事に協力しないと…

家事をする人が、大変。

家事に協力すると…

手伝ってくれて、助かるわ♪

家事が早く終わる。

子どもは勉強が大切よ。お手伝いは、できる範囲で協力してくれると、助かるわ。

ただいま！

あしたのゴミ出しお願いね

もちろん、お父さんもね！

お手伝いの理由❷ 将来の自分に役立つから！

お手伝いせず，家事をしたことがないと…

大人になってから困る。

お手伝いをして，家事に慣れていると…

大人になってから困らない。

お手伝い基本編 頼まれたときに、お手伝いする

1章 お手伝いって、なぜするの？

お手伝い応用編：自分で考えて、お手伝いする

役割分担すると、お手伝いがはかどる！

得意なことや好きなことをいかして役割分担しよう。協力すると、はかどるよ。

27　1章 お手伝いって，なぜするの？

おうちの中で、自分の役割を果たそう

自分の役割を果たさないと…

- ほかの人が困る。
- 責任感が身につかない。

自分の役割を果たすと…

- ほかの人の役に立って、喜ばれる。
- 責任感が身につく。

昔の家事とお手伝い

2章 掃除・片づけのお手伝い

まずは、お片づけ

片づけ・掃除をする理由

① 安全のため

物にぶつかったり、物が落ちてきたりすると、危ない。

② 健康のため

ほこりがたまるとカビやダニが増え、アレルギーの原因になることもある。

部屋がきれいだと、いいことがある！

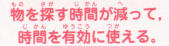

しょうこの解説 **きれいにするには，順序が大事！**

× 物を片づけないで掃除すると…

物の下はきれいになっていない！

○ 物を片づけてから掃除すると…

一気に床がきれいになる！

順序を考えると、時間も手間も節約できるの。

家事は段取りが大事!!

お片づけは、まず自分の部屋から始めてね！

自分のことは自分でやろうね

お手伝いレベル ★☆☆ ## 自分の部屋を片づける

片づけのくわしいやり方は，「学校では教えてくれない大切なこと①整理整頓」を参考にしてね！

ココが助かる！
自分が使う場所を片づけてくれれば，掃除の負担が減るわ！

お手伝いレベル ★★☆ ## みんなが使う場所を片づける

自分が使った物は，元の場所にもどす。

「散らかっているな」と気づいた人が片づける。

ココが助かる！
みんなが少し気をつけてくれるだけで，散らかるのが防げるの。

2章 掃除・片づけのお手伝い

こんなときは，どの掃除道具？

床やたたみのほこりを取りたい

掃除する場所によって，ぴったりの道具があるのである！

家具などのすき間のほこりを取りたい

カーペットにからまった毛やゴミを取りたい

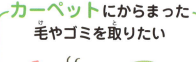

洗面台や，おふろの浴そうをみがきたい

床や窓，家具をふいてきれいにしたい

ほうき&ちりとり

ほうきではいて，ゴミを集める。家の外で使うものもある。

シートモップ

シートがほこりをキャッチする。ウェットタイプ（しめったシート）もある。

掃除機

電気の力でほこりを吸いこむ。

粘着ローラー

のりのついたローラーを転がして，細かいゴミを取る。

ハンディモップ

せまい場所のほこりを取りやすい。

スポンジ

洗剤をつけてこすり，汚れを取る。

ぞうきん

いろいろな場所をふくのに便利。古いタオルで作ってもよい。

掃除のお手伝い ②
床をきれいにしよう

掃除をする前に

物を片づける

窓を開ける

お手伝いレベル ★☆☆ ほうき・ちりとりを使おう

ほうきで、ゴミを1か所に集める。

集めたゴミは、ちりとりに移して捨てる。

シートモップでほこりを取ろう

お手伝いレベル ★☆☆

お手伝いレベル ★★☆ 掃除機をかけてみよう

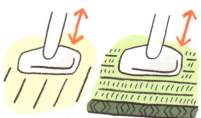

フローリングの板の目の方向，たたみの目の方向にかける。

背筋をのばす。

力を入れすぎずに，ゆっくり動かす。

せまい場所は，ヘッド（掃除機の先）を細いものに変える。

家具や壁にぶつけないように注意してね！

ココが助かる！

シートモップで床をふいてくれるだけでも，大助かり！　掃除機をかけるのは，自分の部屋からやってみてね。

48

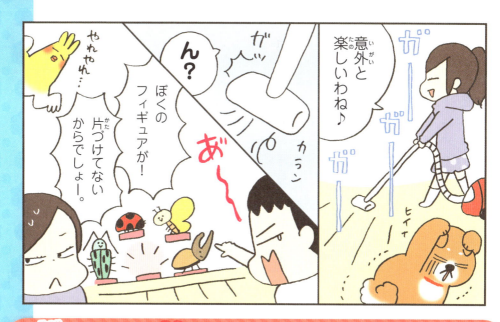

お手伝いレベル ★★☆ 床のぞうきんがけをしてみよう

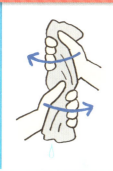

ぞうきんを水につけ，固くしぼる。

すみまできちんとふく。

ぞうきんを何枚か用意しておくと便利！

ぞうきんが汚れたら洗う。

電化製品は，ぬれると故障や事故の原因になるよ。おうちの人に聞いてから…

家具や窓をふくときも，ぞうきんを使うよ。

49　2章 掃除・片づけのお手伝い

床の掃除も、みんなで協力

お母さんのアドバイス ✨ お掃除上手になるコツ

その❶ 掃除は，上から下へ！

上から順番にゴミやほこりを落としていけば、効率的！

その❷ すみっこをキレイに！

ほこりは部屋のすみにたまりやすいの。すみっこまでしっかりね！

2章 掃除・片づけのお手伝い

掃除のお手伝い③ いろいろな場所の掃除

水を使う場所の掃除のポイント

洗剤をつけたスポンジでこすって汚れを落とし、水で洗い流す。

蛇口や鏡などは、布でふいて、ピカピカにする。

 注意

- 洗剤は、「おふろ用」「トイレ用」など、目的に合ったものを使おう。
- 一緒に使ってはいけない洗剤もあるから、必ずおうちの人に確認してから使おう。
- 洗剤を直接さわると手が荒れることがあるので、手袋をすると安心だよ。

お手伝いレベル ★★☆ おふろの掃除

おふろの汚れの種類

湯あか・石けんかすなど

カビ

髪の毛

掃除の仕方

浴そう・床・壁を，洗剤をつけたスポンジでこすり，水で洗い流す。

窓を開けるか，換気扇を回す。

54

洗面所の掃除

お手伝いレベル ★★★

細かい部分の掃除には、古い歯ブラシを使うと便利！

洗剤をつけたスポンジで、洗面台をこすり、水で洗い流す。

鏡は水ぶきしたあと、からぶきする。

洗面台や鏡には、水滴や歯みがき粉が飛び散ってるの。

光るものはピカピカにしよう！

55　2章 掃除・片づけのお手伝い

お手伝いレベル ★★★ トイレの掃除

トイレの汚れ

便器の黒ずみ・輪じみ

床や壁の汚れ

掃除の手順

① 便器の中を洗う

② 便座を布でふく

③ 床や壁もふく

56

いろいろな場所の掃除を手伝ってみよう

玄関の掃除

窓ふき

2章 掃除・片づけのお手伝い

ゴミの分別をする

お手伝いレベル ★☆☆

ココが助かる! きちんと分別して捨てると、ゴミ出しがスムーズ!

ゴミ箱のゴミを集める

お手伝いレベル ★★☆

アクリル毛糸で掃除道具を作ろう！

ポンポンたわし

材質がアクリル100％の毛糸を厚紙に30回くらい巻きつける。

厚紙をはずし、真ん中を毛糸でしばる。毛糸を広げて完成！

台所や洗面所の掃除に使ってね。軽い汚れなら、洗剤なしで落とせるよ。

ポンポンスティック

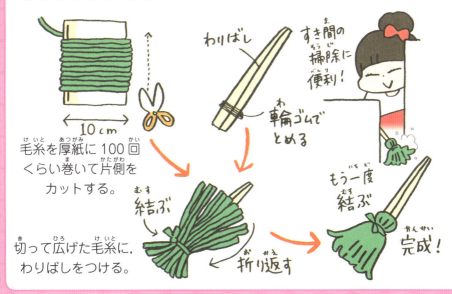

毛糸を厚紙に100回くらい巻いて片側をカットする。

切って広げた毛糸に、わりばしをつける。

すき間の掃除に便利！

わりばし
輪ゴムでとめる
結ぶ
折り返す
もう一度結ぶ
完成！

3章 洗濯・衣類の手入れのお手伝い

1日着た服にはいろいろな汚れがついている

外からつく汚れ

食べ物・飲み物

ペン・クレヨンなど

土や泥

空気中のほこり

体から出る汚れ

汗・皮脂
（皮膚から出るあぶら）

あか・フケ

おしっこ・便・血液

衣類の汚れを放っておくと…

イヤなにおいの原因になる

衣類が変色する

細菌やカビが発生する

3章 洗濯・衣類の手入れのお手伝い

家で洗濯するものは，いろいろ

洗濯をする理由

健康のため。

服を大切にするため。

自分もまわりの人も，気持ちよく過ごすため。

洗濯物を出すときの注意

洗濯するものは、洗濯カゴなど、決まった場所に出す。

体操服や給食着など、次にすぐ着るものは早めに出しておく。

ポケットの中を空っぽにする。

ココが助かる!
各自が洗濯物をチェックして出してくれると、洗濯する人の手間が減るし、きれいに洗濯できる!

3章 洗濯・衣類の手入れのお手伝い

洗い方・干し方などをチェックしよう！

旧	新	
40	30	家庭の洗濯機で洗える。（数字は水の温度の上限を表す）
（×印のおけ）	（×印のおけ）	家庭で水洗いはできない。
手洗イ 30	（手のマーク）	家庭で手洗いできる。
ドライ	P	ドライクリーニングができる。（クリーニング店に出す）
（服の絵）	I	つり干し（ハンガーなどにかけて干すこと）がよい。
平	—	平干し（平らなものの上に広げて干すこと）がよい。
高 中 低	（アイロン ・・・／・・／・）	アイロンがけができる。（それぞれどのくらいの温度が合っているか書いてある）
（×印のアイロン）	（×印のアイロン）	アイロンがけができない。

※ 2016年12月に新しい表示に変わりましたが，古い表示が使われているものもあります。

77　3章 洗濯・衣類の手入れのお手伝い

お手伝いレベル ★★★ **洗濯物の仕分け**をお手伝い

全部一緒に洗っちゃダメなの？

服や汚れの種類で分けると、上手に洗濯できるの。

デリケートな衣類・おしゃれ着

洗濯表示をチェックして、家で洗えるかどうか確認。ドライクリーニングするものと、手洗いするものを分ける。洗濯機のドライコースで洗えることもある。

汚れがひどいもの

ほかのものに汚れが移らないように、分けて洗ったり、あらかじめ汚れを落としたりする。

色が濃いもの

色が落ちたり、ほかの衣類に色が移ったりしそうなものは、分けて洗う。

その他

ふだん着・下着・タオルなど、洗濯機の普通コースで洗えるもの。

3章 洗濯・衣類の手入れのお手伝い

洗濯のお手伝いは，できるところから！

からまりそうなものをネットに入れる。

衣類がいたむのも防げる。

長そでの服や長ズボンはネットに入れないとからまりあって，ほぐすのが大変。

洗剤を入れる。

キャップで量って洗剤を入れる。

スタートボタンを押す。

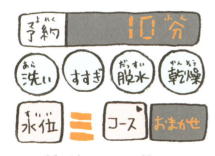

水の量やコースを選び，スタートボタンを押す。

3章 洗濯・衣類の手入れのお手伝い

 しょうこの解説

洗濯は「ちょうどいい量」が大切！

洗剤が少なすぎる

汚れがきちんと落ちない。

洗剤が多すぎる

衣類に洗剤が残り、汚れの原因に。

洗濯物の量が多すぎる

汚れが落ちにくい。

一度にたくさん洗うのもよくないのか〜。

きれいに洗うには、洗濯物、水、洗剤の量のバランスが大事なの。

シワになりにくい干し方をしよう

お手伝いレベル ★★☆

洗濯が終わったら、すぐに干す。

脱水したあとそのまま放っておくと、シワになったり、イヤなにおいが発生したりする。

干す前にシワをのばす。

ココが助かる！
乾いたときにシワが少ないと、アイロンがけも楽になって大助かり！

お手伝いレベル ★★★ # 衣類に合った干し方を知ろう

色あせを防ぐ
色の濃い衣類は日光に当てると色あせしやすい。裏返すか,日かげに干す。

形くずれを防ぐ
のびやすい衣類は,ハンガーを使わず平干しにする。

洗濯表示も確認しよう。77ページも見てね!

日かげでの平干しがよい

お手伝いレベル ★★☆ 乾きやすい干し方を工夫しよう

洗濯物同士がくっつかないように、間を空けて干す。

大きなものも、風が当たりやすいように工夫する。

洗濯物をたたむのも、楽しく！

洗濯物をたたむ理由① 収納しやすくするため

たたまないと

スペースを取るけど…

たためば

コンパクトに！

洗濯物をたたむ 理由❷ 衣類に合ったしまい方をするため

形がかっちりしたもの，シワになりやすいものは，**つるす**。

ジャケット・コートなど

のびやすいものは，**たたむ**。

セーター・Tシャツなど

お手伝いレベル ★★☆ 洗濯物をたたんで，しまおう

衣服のたたみ方の例

Tシャツ　ズボン

シワをのばしながらたたもう！

引き出しの深さに合わせてたたむと，きれいに収納できる。

ココが助かる！

最初はおうちの人と一緒にやって，だんだん一人でできるようになってくれると，うれしいわ。

3章 洗濯・衣類の手入れのお手伝い

家事を楽しむ大作戦！

目標タイムをつくる

ゲームにしてみる

情報を調べる

上手な人を観察

こんなお手伝いにも チャレンジ ▶▶▶▶ アイロンがけ

アイロンがけの準備

用意するもの

アイロン台
アイロン　きりふき

表示を確認

 …高温（200℃まで）

 …中温（150℃まで）

 …低温（110℃まで）

アイロンのかけ方

① きりふきで水をスプレーする。

「シワをのばしやすくなるよ。」

② 布の目にそって一方向にアイロンを動かす。

アイロンを持っていないほうの手で衣類を押さえる。

ボタンをつける

準備

針に糸を通す。 / なめに切る

人差し指に巻きつけたあと,親指と中指で押さえて引く。

糸を2本取りにして,玉結び(※1)にする。

※1:ぬった糸がぬけないよう,糸のはしを結ぶこと。

① 布の表から針を通し,布を少しすくって表に出す。

② 糸をボタンの穴に3〜4回通す。

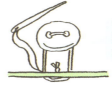

糸を引っぱりすぎず,少し浮かせておく。

③ つけ根に糸を3〜4回巻きつける。

④ 布の裏で玉どめ(※2)をし,糸を表に出して切る。

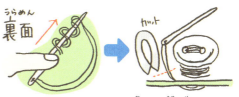

※2:ぬい終わりの結び目をつくること。

針を落とすと,危ないよ。きちんと元の場所にしまおう。

針で指を刺さないように気をつけて！

97　3章 洗濯・衣類の手入れのお手伝い

上ばき・運動靴を洗う

お手伝いレベル ★★☆

① 運動靴はひもをはずし、汚れをざっと落とす。

② 靴用または洗濯用の洗剤をとかした水に15〜30分つける。

③ ブラシで洗う。

④ 流水ですすぐ。

⑤ 水気を切る。

⑥ 干して乾かす。

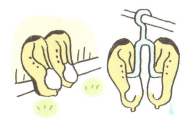

※靴の素材によって洗い方が変わるので、おうちの人に確認しよう！

ココが助かる！
靴はこまめにお手入れすると、長持ちするの。学校の上ばきも、自分で洗ってくれると助かるわ。

3章 洗濯・衣類の手入れのお手伝い

靴みがき

お手伝いレベル ★★☆

1 布やブラシで汚れを落とす。

2 汚れがひどいときは、クリーナーを布につけてこする。

3 靴クリームを布につけ、靴全体にぬる。

4 やわらかい乾いた布でみがく。

3章 洗濯・衣類の手入れのお手伝い

お手伝いに役立つ豆知識① せんいの種類

Q 服についている「綿100%」などの表示は，どういう意味？

A 服の素材となる**せんいの種類**を表しているの。せんいの特徴を知ると，お手入れに役立つよ。

天然せんい
植物や動物を原料とするせんい。

綿（コットン）	麻	毛（ウールなど）	絹（シルク）
●汗をよく吸い丈夫 ●縮みやすい	●すずしい ●シワになりやすい	●暖かい ●虫に食われやすい	●つやがある ●虫に食われやすい

化学せんい
化学的な合成や加工でつくられるせんい。ポリエステル・アクリル・レーヨンなど。丈夫なものが多い。静電気が起きやすいものや，肌への負担が大きいものもある。

こんなお手伝いにもチャレンジ ▶▶ 自転車の手入れ

# 短時間でできるお手伝い

3分でできる！

玄関の靴をそろえる。

ほかの人の靴もそろえるのが、思いやりの心！

ハンディモップでほこりを取る。

ほこりを見たら、さっとひとふき！

新聞・郵便物を取ってくる。

朝刊ですワン！

4章 料理のお手伝い

料理のサポートをしよう

料理のお手伝いをする前に

しっかり手を洗う。
ばい菌のついた手で食べ物をさわると、食中毒などの原因になる。

エプロンをつける。
水や油、調味料などで服が汚れるのを防ぐ。

長そでのときは、じゃまにならないように腕まくりをする。

髪が長い人は、まとめる。三角巾をしてもよい。

段取りを考えないと…

料理開始から2時間後

できあがるまでに時間がかかる。

段取りを考えると…

料理開始から1時間後

時間の無駄がない。

ちょうどよいタイミングでいろいろな料理ができあがるように考えてるのよ。

お手伝いレベル ★★☆ **料理づくりをサポート**

まず，火や包丁を使わないお手伝いからやってみよう！

野菜などの皮を手でむく。

野菜を洗う。

レタスなどを手でちぎる。

材料を混ぜる。

おしょうゆをかけて、混ぜてくれる？

ゆで卵のからをむく。

卵を割って混ぜる。

ありがとう！卵焼きつくるわね。

ココが助かる！
危なくないところを手伝ってくれるだけでも，料理がはかどるわ！

お手伝いレベル ★★☆ **炊飯器でごはんをたく**

① お米の量を量る。

② 水を入れ、ざっとすすぐ。

③ 手で軽くかき混ぜるようにして、とぐ。

④ 何度か水をかえる。

⑤ 目盛りまで水を入れる。

⑥ スイッチを入れる。

4章 料理のお手伝い

包丁の使い方

正しい姿勢

右手で包丁の柄の部分をにぎる。

※ この持ち方でもよい。

○ グー
左手の指を曲げて材料を押さえ，切る。

× パー
指を切ってしまうので危険！

※ 左ききの人は，左右を逆にしてね。

いろいろな切り方

輪切り
小口切り
いちょう切り
せん切り
乱切り
みじん切り

材料や料理によって，ふさわしい切り方があるの！

お手伝いレベル 食器を出し，料理を盛る。

 どの器に盛りつけるといいかな？

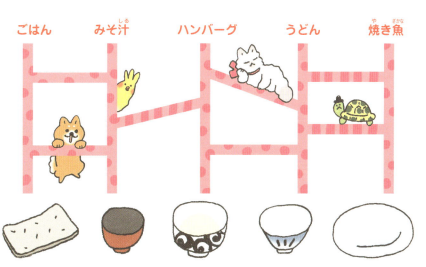

ごはんのよそい方

1 しゃもじを水でぬらす。 **2** 何回かに分けて、ふわっとよそう。

料理の並べ方

ユカの料理教室❶ 料理の道具と調味料

いろいろな料理道具

まな板　包丁　計量スプーン　計量カップ　ボウル

材料を切る　分量をはかる　ざる　水気を切る

さいばし　おたま　フライ返し

はさむ・すくう・混ぜる・ひっくり返す

よく使う調味料

「ふだんの料理に使う調味料は、『さ・し・す・せ・そ』よこれ！」

さ 砂糖

あま～い

し 塩

しょっぱい!!

す 酢

せ しょうゆ

そ みそ

※昔は「せうゆ」と書いていたよ。

121　4章 料理のお手伝い

お手伝いレベル ★☆☆ 食後の片づけ

食べ終わった食器を台所に運ぶ。

無理せず持てる量を運ぼう。

同じ形の食器は重ねてもOK。

油やソースなどがついた食器は、重ねないでね。

食卓に出したマヨネーズなどを冷蔵庫にしまう。

テーブルをふきんでふく。

かたくしぼったふきんでふいてね！

ココが助かる！

食べ終わったら，自分の食器をさげるのを習慣にしてしまうとラク！　みんなで協力して食卓を片づけましょ。

123　4章 料理のお手伝い

食器洗いのお手伝い

お手伝いレベル ★★☆

洗う前に

汚れを落としやすくなる！

油やソースは，ペーパータオルなどでふき取る。

こびりついたごはんをきれいに落とせるよ。

ごはん茶椀は水につけておく。

洗い方

① スポンジをぬらし，洗剤をつけて泡立てる。

ゴム手袋をすると手荒れを防げるよ

② 汚れの少ないものから順番に洗う。

油汚れがほかの食器に移らないようにするため！

③ 流水ですすぐ。

④ 水気を切る。

お皿は立てる。

お椀などは下向きに。

食器をしまう

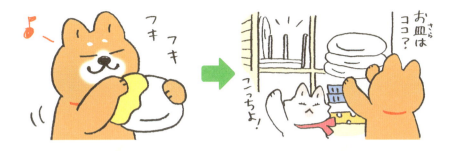

食器洗いも，みんなで協力！

買い物のお手伝い

☐ どこで何を買ってくるのか、確認する。

☐ 商品がどこにあるかわからないときは、お店の人に聞く。

☐ 頼まれたもの以外は、買わない。

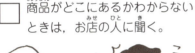
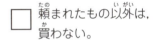

☐ おつりとレシートをおうちの人にわたす。

4章 料理のお手伝い

おうちの人と一緒につくってみよう！
簡単な料理にチャレンジ

お弁当づくりのお手伝いに役立つ情報を紹介！

おにぎり

① しっかり手を洗う。

② 手に少し塩をつける。

③ 手にごはんをとり，中央に具を入れる。

④ 両手で軽くにぎる。

上の手で角をつくると，きれいな三角形になるよ。

ラップで包んでにぎってもOK！

⑤ のりを巻いて，完成！

長時間持ち歩くときは，食中毒を防ぐために，ごはんを冷ましてからお弁当箱に入れよう。

おにぎりの具いろいろ

うめ　昆布　ツナ
おかか　たらこ　好きな具でつくってみよう

129　4章 料理のお手伝い

ロールパンサンド

① レタスを洗って水気を切り、ちぎっておく。

② ロールパンに切れ目を入れ、バターかマーガリンをぬる。

③ レタスとハムをはさむ。好みでマヨネーズをかける。

ソーセージ

ポテトサラダ

卵

お好みの具をはさんで、アレンジしてね！

ゆで卵

① なべに卵と、卵がかくれるくらいの水を入れ、火にかける。

② ふっとうしたら中火にして、10分ほどゆでる。

③ 冷水に入れ、熱を取る。

ゆで時間の目安
- 半熟卵…ふっとうしてから約4〜5分
- 固ゆで卵…ふっとうしてから約10〜12分

キャベツとソーセージのいためもの

① キャベツは洗って水気を切り、食べやすい大きさに切る。

② ソーセージはななめ薄切りにする。

③ フライパンに油を入れて熱し、キャベツをいためる。

④ ソーセージを加え、火が通るまでいためる。

⑤ 塩・こしょうで味つけする。

完成！

ほかの野菜を加えてもOK！野菜の水気をしっかり取って、火の通りにくいものからいためるのが、おいしく仕上げるコツだよ。

包丁や火を使うお手伝いは、必ずおうちの人と一緒にするのである！

油がはねるから、気をつけて！

あちっ

ユカの料理教室❷ 素敵な朝食タイム♪

バナナヨーグルト
切ったバナナをヨーグルトにのせる。

チーズトースト
パンにスライスチーズをのせて、オーブントースターで焼く。

食べ物・飲み物をこぼしたとき

- 床をぞうきんでふく。
- カーペットなどにこぼしたときは、すぐに布やティッシュペーパーで汚れを吸い取る。
- そのあと、きれいな水を少しかけてふき取る作業を、汚れが取れるまでくり返そう。

食器などが割れたとき

- 危ないので、おうちの人と一緒に片づける。
- けがをしないように、手袋をして、スリッパをはく。
- 大きめの破片を集め、新聞紙などに包む。（地域のゴミの捨て方にしたがって捨てる）
- 掃除機をかける。

4章 料理のお手伝い

お手伝いに役立つ豆知識❷
タマネギで涙が出るのはなぜ？

Q  タマネギを切ると，涙が出るのはなぜ？

A タマネギの細胞がこわれて，**目や鼻を刺激する物質が出る**からよ。

包丁などでタマネギを切ると，タマネギの細胞がこわれて中にある物質が混ざりあい，「硫化アリル」という物質ができるの。これが空気中に飛び散って目や鼻を刺激して，涙が出るの。

涙が出るのを防ぐには，次のような方法がよいと言われているよ。

- **よく切れる包丁を使う。**
  タマネギの細胞をあまりこわさないようにする。
- **タマネギを冷やしておく。**
  冷やすと，涙が出る原因となる物質が空気中に出にくくなる。
- **タマネギを水にさらす。**
  原因となる物質が水にとけ，空気中に飛び散りにくくなる。

おうちの人と，留守番のときの ルールを決めておこう。

- ●火や刃物を使わない。
- ●だれかが来たとき
  - ・すぐにドアを開けない。
  - ・知らない人なら，出ない。
  - ・留守番をしていると言わない。
- ●戸締まりをしっかりする。
- ●電話がかかってきたとき
  - ・電話に出ない。
  - ・留守番電話にしておく。
  - ※ 電話に出るかどうかはおうちの人とよく相談しよう。